Dédié à mes princesses Chole et Mia, afin

que vous puissiez vivre une vie digne

de notre Roi

Traduit par: Laurene El Tahan

ST SHENOUDA PRESS
8419 Putty Rd,
Putty, NSW, 2330
Sydney, Australia

www.stshenoudapress.com

ISBN: 978-0-6457703-2-2

SAINT SHENOUDA PRESS

Il était une fois, une petite fille nommée Demiana. C'était une princesse, née dans une famille royale. Elle avait tout ce qu'elle désirait. Tout ce qu'elle demandait elle le recevait. Elle avait une grande pièce remplie d'un tas de choses merveilleuses. Elle aimait aussi le grand jardin extérieur, où elle passait l'essentiel de son temps.

Le père de Demiana était Chrétien. Il l'emmenait toujours à l'église. Demiana se dépêchait d'aller à l'école du dimanche après la liturgie parce qu'elle aimait écouter tout ce qu'elle pouvait à propos de Jésus et des saints. Demiana et son père lisaient la Bible ensemble tous les soirs. Elle avait toujours tellement de questions à poser au sujet des histoires.

Alors que Demiana grandissait, son amour pour Jésus s'amplifiait de plus en plus. Elle passait beaucoup de temps seule avec Jésus. Elle le faisait en priant, en lisant la Bible, et en obéissant aux commandements. A chaque fois que l'opportunité se présentait, elle parlait de Jésus. Ceux qui travaillaient autour de sa maison savaient qu'il s'agissait d'une fille spéciale.

Un jour alors qu'elle était devenue adulte, son père vint la voir. " Demiana," avait-il dit, "Nous devons t'acheter une belle robe blanche, car tu vas te marier bientôt." Mais à cette nouvelle, Demiana fût très triste. "Pourquoi es-tu si triste? Demanda son père. "Je veux seulement me marier avec mon Père céleste, Jésus," Demiana répondit, "Je ne veux pas me marier avec un homme."

Son père essaya de lui faire changer d'avis. Mais il ne réussit pas. Demiana dit " Père, Je veux que tu me construises un palais dans le désert. Je passerai tout mon temps là-bas avec Jésus." Son père avait le Cœur brisé. Il pensait aussi que c'était dangereux. Mais puisqu'elle ne voulait pas changer d'avis, il finit par accepter

de faire ce qu'elle avait demandé.

Son père fit construire le palais et Demiana partie vivre là-bas. Plusieurs filles commençaient à entendre parler de Demiana et allèrent vivre avec elle. Elles aussi voulaient vivre uniquement avec Jésus. On les a alors appelés des nones. Les nones étaient tellement joyeuses de pouvoir consacrer leur temps à la louange, en sainteté, et en servant Dieu. Ensemble leur amour pour Jésus grandissait de plus en plus fort chaque jour.

Un jour, pendant que Demiana et ses quarante amies vivaient dans le palais et priaient Dieu. Elles apprirent une horrible nouvelle. Le méchant empereur avait attaqué le père de Demiana ainsi que d'autres Chrétiens. L'empereur était en colère à cause de leur amour et de leur croyance en Jésus. Beaucoup d'entre eux sont morts et furent appelés martyrs.

Rapidement l'empereur apprit que Demiana vivait avec quarante nones dans le désert. Il était furieux qu'elles aient passé tout leur temps à prier et aimer Jésus. Il ordonna à un de ses commandants de prendre cent soldats et d'attaquer le palais dans le désert. Les soldats firent le long et fatigant voyage à travers le désert.

D'abord l'empereur a essayé de convaincre Demiana de rendre culte aux idoles. Mais elle a refusé. Il a essayé de lui dire à quel point les idoles étaient formidables. Elle ne voulait rien entendre, alors l'empereur a commencé à la blesser. Mais à chaque fois que l'empereur lui faisait du mal, Demiana regardait vers les cieux et elle demandait de l'aide à Dieu. A chaque fois qu'elle priait, Dieu la soignait. Dieu était toujours avec elle.

L'empereur réalisa qu'il ne pouvait rien faire de plus. Après avoir longtemps essayé de convaincre Demiana de rendre culte aux idoles, il finit par mettre fin à la vie terrestre de Demiana. Les quarante nones avec elles refusèrent aussi de rendre culte aux idoles. Alors l'empereur mit aussi fin à leur vie. Demiana et les nones entrèrent au paradis dans la vie céleste et elles sont devenues les épouses de Jésus Christ. Dès lors, elles seraient reconnues comme Sainte Demiana et les quarante Vierges.

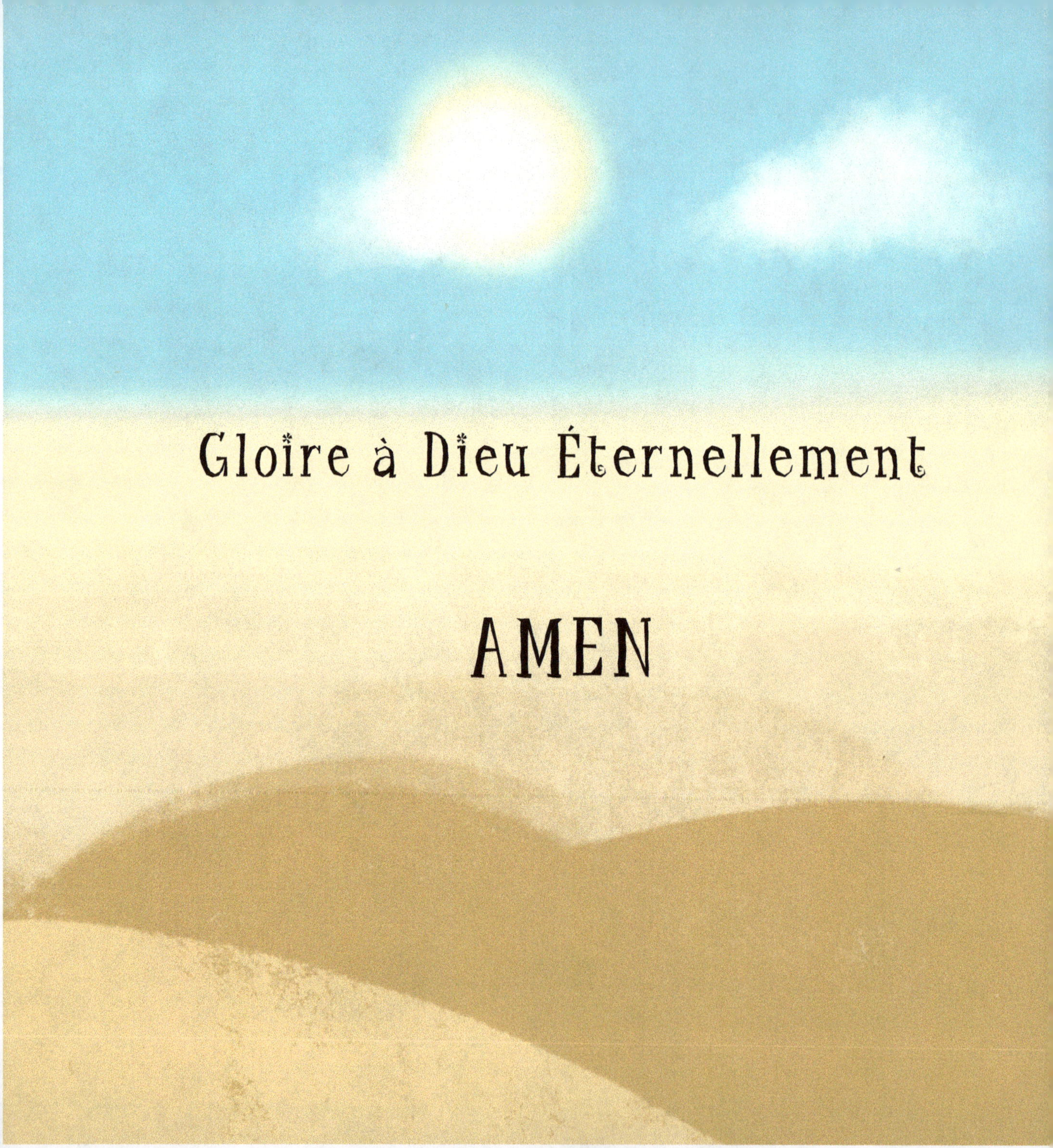
Gloire à Dieu Éternellement
AMEN

www.ingramcontent.com/pod-product-compliance
Lightning Source LLC
Chambersburg PA
CBHW081159090426
42736CB00017B/3395